Der österreichisch-ungarische Dichter Nikolaus Lenau (1802-1850) gilt als einer der bedeutendsten Vertreter der europäischen Weltschmerz-Literatur: Melancholie und Leidenschaft, übermächtiges Vergänglichkeitsgefühl und rastlose Sehnsucht nach Daseins-Erfüllung sind die bestimmenden Momente seiner formvollendeten, klangvollen Lyrik, die zahlreiche Komponisten inspiriert hat.

Zu den zentralen Motiven der Dichtung Lenaus gehört auch die poetisch reflektierte Erfahrung der unglücklichen, unerfüllten oder verlorenen Liebe. Trotz – oder gerade wegen – ihrer meist elegischen Grundstimmung zählen seine Liebesgedichte mit zum Schönsten und Gefühlvollsten, was die deutschsprachige Liebesdichtung hervorgebracht hat. In einer überschaubaren, chronologisch geordneten Auswahl versammelt der vorliegende Band siebzig der wichtigsten und schönsten Liebesgedichte Nikolaus Lenaus, die Leben, Lieben und Leiden dieses großen Lyrikers widerspiegeln: von der ersten Jugendliebe des jungen Dichters bis hin zur letzten, tragisch gescheiterten Verlobung Lenaus, vor allem aber jene mehr als ein Jahrzehnt währende unerfüllte Liebe zu der verheirateten Sophie von Löwenthal, der größten Liebe seines Lebens.

Ebenfalls von Wilfrid Lutz herausgegeben: Joseph von Eichendorff, *Liebesgedichte* (it 2591) insel taschenbuch 2838

Nikolaus Lenau

Liebesgedichte

Nikolaus Lenau
Liebesgedichte

Herausgegeben von Wilfrid Lutz

Insel Verlag

Umschlagabbildung: Carl Begas d. Ä.,
Porträt Wilhelmine Begas (Ausschnitt), 1828.
Staatliche Museen zu Berlin – Preußischer Kulturbesitz,
Nationalgalerie, Foto: Klaus Göken / bpk, Berlin

insel taschenbuch 2838
Originalausgabe
Erste Auflage 2002

Vertrieb durch den Suhrkamp Taschenbuch Verlag
Umschlag nach Entwürfen von Willy Fleckhaus
Satz: Hümmer GmbH, Waldbüttelbrunn
Druck: Nomos Verlagsgesellschaft, Baden-Baden
Printed in Germany

1 2 3 4 5 6 – 07 06 05 04 03 02

Inhalt

Mit allem meinem Lieben

Ghasel

Du, schöne Stunde, warst mir hold, so hold, wie keine noch,
Ich seh' dein Angesicht erglüh'n im Rosenscheine noch;
So sah den Engel Gottes einst mit Wangen freudenrot
Im Paradiese lächelnd nah'n der Mensch, der reine noch.
Du kamst mit ihr und flohst mit ihr, und seit ich euch verlor,
Versehnt' ich manchen trüben Tag in jenem Haine noch
Und fragte weinend mein Geschick: »bewahrst in deinem Schatz
So holde Stunde du für mich nicht eine, eine noch?«
Dort mocht' ich lauschen spät und früh: wohl flüstert's im Gezweig,
Doch immer schweigt noch mein Geschick – ich lausch' und weine noch.

An der Bahre der Geliebten

Blaß und auf immer stumm, auf immer! liegst du
Hingestreckt, o Geliebte, auf der Bahre!
Deine Reize lockten den Tod, er kam, er
  Hält dich umarmet!

Einst in der Kühlung leiser Abendwinde
Saßen wir am Gemurmel eines Baches,
Und ich sprach aus zitternder Seele dir: »ich
  Liebe dich ewig!«

Aber du neigtest sinnend nach den Wellen,
Nach den flüchtigen, tief dein schönes Antlitz,
Wie ergriffen von dem Geflüster dunkler
  Stimmen der Zukunft.

Schmerzlich berührt von deinem Schweigen, frug ich,
Ob vernommen das Wort du meiner Seele,
Und du nicktest hold; doch es dünkte mir dein
  Nicken zu wenig. –

Glühende Tränen stürzen mir vom Auge,
Und sie pochen an deine kalte Stirne,
Ach, von der geflohen dahin das stille
  Sinnen der Liebe.

Meine gebroch'ne Stimme ruft dir bange
Nach: »ich liebe dich ewig!« O wie selig
Wär' ich nun, antwortete meinem Schmerz dein
  Leisestes Nicken!

Erinnerung

Selige Stunde! da mir meine Bertha,
Mächtig ergriffen von der Liebe Sehnen,
An den bewegten, ihr allein geweihten
Busen gesunken.

Nächtliche Stille lag auf Flur und Hain, es
Ruhten die Weste, um die leisen Seufzer
Nicht zu verweh'n; dem Pochen unsrer Herzen
Lauschten die Sterne.

Glühende Küsse bebten durch die Seele,
Innig umschlungen hielt ich dich Geliebte!
Göttliche Bertha! Zierde meines Lebens!
Selige Stunde!

An Mathilde

Schon verrauscht der Tag, und des Abends sanftere Seele
Fließt wie süße Musik sänftigend uns in die Brust.
Horch, Mathilde, wie leise der West durch Blüten dahinseufzt,
Leiser noch weht sein Hauch, kost er um deine Gestalt.
Sieh, die Biene, sie wandelt von Blume zu Blume geschäftig,
Süße Bereicherung lockt weiter die Summende stets;
Also wandelt die Seele dereinst von Blume zu Blume,
Welche zum strahlenden Kranz sich der Unendliche wand,
Wandelt die Seele dereinst von Welten weiter zu Welten,
Näher dem liebenden Gott, liebender, göttlicher stets.
Aber die Wechselgestalten des Lebens, sie teilen nicht alle
Gleich der Unsterblichkeit Los, wenn uns der Ewige winkt;
Nur das Schönste des Lebens, worin der Himmel uns kund wird,
Nimmt die Seele mit fort, schwingt sie den Sternen sich zu.
Doch die trüben Gestalten verhüllt Nacht, ewige Nacht dann.
Heil der Stunde, die selbst dann noch uns wonnig umstrahlt!

O Mathilde, dein Auge voll himmlischer, tiefer Bedeutung
Blickt mir ins Auge so ernst, und so entzückend zugleich,
Daß die Seele mir bebt, o Geliebte! ahnet dir etwa,
Daß auch diesen Moment hüllen nicht werde die Nacht?

An die Ersehnte

Umsonst! du bist auf immer mir verloren!
Laut rufend in den dunkeln Wald des Lebens,
Hat ohne Rast die Sehnsucht dich beschworen;
Ihr Ruf durchklang die Einsamkeit vergebens.

Tief ist mein Herz erkrankt an einer Ahnung,
Von der ich nimmer wohl genesen werde,
Es flüstert mir mein Herz die trübe Mahnung:
»Noch ist sie nicht geboren dieser Erde!«

»Die Stunden, die mit frohen Wandersängen
Das Mädchen einst durchs Erdental geleiten,
Sie schlummern in der Zukunft Schattengängen
Bei ihrer Bürde noch von Seligkeiten,

Von Seligkeiten, die mit leichten Händen
Die wachen einst entgegenstreuen allen,
An welche sie die schöne Gunst verschwenden,
Mit ihrer Königin vorbeizuwallen.

Die eine aber von den Schläferinnen
Wird locken sie zur Kühle von Zypressen
Und führen sie, versenkt in stilles Sinnen,
An deinen Hügel, moosig und vergessen;

Dann irrt dein Geist um deine Asche bange,
Dann zittern Geist und Staub, sich zu vereinen;
Das Mädchen aber wird am Grabeshange,
Geheim ergriffen, stille steh'n – und weinen.«

Dahin!

Einst o nächtlicher Himmel! blickt' ich
Selig empor zu dir, umschlungen
Von der Geliebten, und ich weinte
Dank dem ewigen Gott!

Und sie pflückte mit Küssen mir die
Blüte der Wonne von der Wang', und
Mächtiger zog ich die Geliebte
An die klopfende Brust.

Doch nun sind sie dahin! die Stunden
Seliger Lust; und ach! nun weht der
Brausende Sturm die heiße Träne
Banger Wehmut dahin!

Erinnerung

Erinn'rungsvoller Baum, du stehst in Trauer;
Dein Laub ist welk, mein Leben ist es auch.
Mein Herz durchziehen bange Wehmutschauer,
Wie dein Gezweig des Herbstes kühler Hauch.

Hier saßen wir in abendlicher Stille,
Sanft bebte über uns dein flüsternd Grün,
Auf jenen Höh'n, die nun in Nebelhülle,
Verweilte noch der Sonne letztes Glüh'n.

Wie selig hielt das Mädchen ich umfangen,
Und horchte ihrem leisen Liebesschwur;
Und holder lachten uns die Blütenwangen
Der auferwachten göttlichen Natur.

Doch hatte kaum der Lenz die sanfte Seele
Verhaucht, und seine Blüten hingestreut,
Kaum war verstummt im Hain die süße Kehle:
War auch dahin der Liebe Seligkeit.

O trau're, Herz, vorüber sind die Tage,
Da liebend dir ein Herz entgegenschlug,
Die andern schleichen hin in stiller Klage,
Der toten Liebe finst'rer Leichenzug.

Die bezaubernde Stelle

Liebende, die weinend mußten scheiden, –
Wenn nach heißer Sehnsucht langen Leiden
Sie ans Herz sich endlich dürften pressen,
Würden sich zu küssen hier vergessen.

Leichte Trübung

Woher dies plötzliche Verstummen?
Und diese Wolken, kummerschwer,
Die mir dein Angesicht vermummen,
Das erst so froh gestrahlt, woher?

»Siehst du den blauen Berg dort ragen,
Der Felsen in die Lüfte hebt,
An welchen selbst die Gemsen zagen
Und der erschrock'ne Jäger bebt? –
Von seinem Gipfel schleud're du
Ein Steinchen spielend in die Tiefen:
Du störst der Lüfte schwanke Ruh,
Und Nebel steigen, die dort schliefen.
So warfst du, seine Kraft nicht ahnend,
Ein Wörtchen mir in meine Brust,
Ein Wörtchen, leise, aber mahnend,
Und sieh, nun stieg der trübe Wust
Von Nebelbildern alter Kränkung
Aus ihrer stillen Nachtversenkung.«

Das tote Glück

Leis' umrauscht von Himmelsquellen,
Süße Sehnsucht in der Brust,
Saß ich einst die mondeshellen
Nächte da in stiller Lust.

Jene Zeit wird nimmer kommen,
Himmelsquellen sind versiegt,
All mein Sehnen ist verglommen,
Und mein Glück im Grabe liegt.

Weib, du riefst in böser Stunde
Mit dem zauberischen Blick,
Mit dem wonnevollen Munde
Schmeichelnd hin zu dir mein Glück.

Und es kam ein Kind und schmiegte
Flehend sich in deinen Arm,
Der es mild umschlang und wiegte,
Als ein weicher Mutterarm.

Nun das Kind in Traumeswonnen
Hingeschlummert, sich verlor;
Nahmst du still und kaltbesonnen
Deinen Todesdolch hervor.

Scharf geschliffen am Gesteine
Deines Herzens war der Stahl,

Und das Kind, um das ich weine,
Atmete zum letztenmal.

Und du stießest leicht und munter,
Wie ein Steinchen in den Bach,
In das Grab mein Glück hinunter,
Sahst ihm ruhig, lächelnd nach.

Nächtliche Wanderung

Die Nacht ist finster, schwül und bang,
Der Wind im Walde tost;
Ich wand're fort die Nacht entlang
Und finde keinen Trost.

Und mir zur Seite, engelmild,
Und, ach, so schmerzlich traut,
Zieht mein Geleite hin, das Bild
Von meiner toten Braut.

Ihr bleiches Antlitz bittet mich,
Was mich ihr süßer Mund
So zärtlich bat und feierlich
In ihrer Sterbestund':

»Bezwinge fromm die Todeslust,
Die dir im Auge starrt,
Wenn man mich bald von deiner Brust
Fortreißet und verscharrt!«

Da unten braust der wilde Bach,
Führt reichen, frischen Tod,
Die Wogen rufen laut mir nach:
»Komm, komm und trinke Tod!«

Das klingt so lieblich wie Musik,
Wird wo ein Paar getraut;

Doch zieht vom Sprunge mich zurück
Das Wort der toten Braut.

Stets finst'rer wird der Wolkendrang,
Der Sturm im Walde brüllt,
Und ferne hebt sich Donnerklang,
Der immer stärker schwillt.

O schläng'le dich, du Wetterstrahl,
Herab, ein Faden mir,
Der aus dem Labyrinth der Qual
Hinaus mich führt zu ihr!

Der Baum der Erinnerung

Ja, du bist es, blütenreicher
Baum, das ist dein süßer Hauch!
Ich auch bin's, nur etwas bleicher,
Etwas trauriger wohl auch.

Hinter deinen Blütenzweigen
Tönte Nachtigallenschlag,
Und die Holde war mein eigen,
Die an meinem Herzen lag.

Und wir meinten selig beide,
Und ich meint' es bis zur Stund',
Daß so herrlich du vor Freude
Blühtest über unser'n Bund.

Treulos hat sie mich verlassen;
Doch du blühst wie dazumal,
Kannst dich freilich nicht befassen
Mit der fremden Liebesqual.

»Allzulieblich scheint die Sonne,
Weht der linde Maienwind,
Und das Blühen und die Wonne
Allzubald vergangen sind!«

Mahnend säuseln mir die Lehre
Deine frohen Blüten zu;
Doch ungläubig fließt die Zähre,
Und mein Herz verlor die Ruh'.

An meine Rose

Frohlocke, schöne junge Rose,
Dein Bild wird nicht verschwinden,
Wenn auch die Glut, die dauerlose,
Verweht in Abendwinden.

So süßer Duft, so helle Flamme
Kann nicht für irdisch gelten,
Du prangst am stolzen Rosenstamme,
Verpflanzt aus andern Welten;

Aus Büschen, wo die Götter gerne
Sich in die Schatten senken,
Wenn sie in heilig stiller Ferne
Der Menschen Glück bedenken.

Darum mich ein Hinübersehnen
Stets inniger umschmieget,
Je länger sich in meinen Tränen
Dein holdes Antlitz wieget.

O weilten wir in jenen Lüften,
Wo keine Schranke wehrte,
Daß ich mit deinen Zauberdüften
Die Ewigkeiten nährte! –

Hier nah'n die Augenblicke, – schwinden
An dir vorüber immer,

Ein jeder eilt, dich noch zu finden
In deinem Jugendschimmer;

Und ich, wie sie, muß immer eilen
Mit allem meinem Lieben
An dir vorbei, darf nie verweilen,
Von Stürmen fortgetrieben.

Doch hat, du holde Wunderblume,
Mein Herz voll süßen Bebens
Dich mir gemalt zum Eigentume
Ins Tiefste meines Lebens,

Wohin der Tod, der Ruhebringer,
Sich scheuen wird zu greifen,
Wenn endlich seine sanften Finger
Mein Welkes niederstreifen.

Zu spät

Schon hat der Lenz verblüht und ausgesungen,
Die holden Träume, seligen Gefühle
Erstarben in der bangen Sommerschwüle,
Mit der das Tatenleben angedrungen.

»Das Roß gespornt! die Wehre frisch geschwungen!«
So heißt es nun im heißen Kampfgewühle,
Bis mir der Sabbat fächelt seine Kühle,
Wann Müden mich des Todes Arm umschlungen. –

Mir war's versagt, in jenen Blütentagen,
O Mädchen meiner Sehnsucht, dich zu finden,
Es suchten dich vergebens meine Klagen! –

Noch taucht mir hier und dort aus Kampfeswogen
Dein Bild herauf, doch muß es wieder schwinden,
Bald hat die Brandung es hinabgezogen.

Auf dem Hochberg (12. Juli)

An Agnes

Die Gletscher glühen in dem gold'nen Lichte,
Und rötlich glänzt die Felsenwand,
Um diese Gipfel wehen Traumgesichte,
Aus frühen Tagen mir bekannt.

Im Purpurmeer seh' ich den Nachen treiben:
Die Sonne spiegelt sich im weiten See.
Am fernen Kloster zähl' ich alle Scheiben,
Im Herzen wird mir's wohl und weh.

Es locken Täler hinter Felsentoren,
Ein Sehnen faßt mich im Gemüt,
Nach Glück, besessen – nie – und nie verloren,
Verwelkt und niemals doch erblüht!

Den Blick laß in die blaue Ferne tauchen
– Dort ist es nicht, nur Trug und Pein!
Da unten, wo die stillen Hütten rauchen,
Da muß es oder nirgend sein!

Auf Alpenhöhe mit dir, Seelenschwester,
Im Abendschein ich schweigend stand,
Nicht reden konnt' ich, drückte fest und fester
Nur deine liebe, treue Hand.

Die Glocken riefen zum Gebet die Müden,
Und aller Zauber der Natur
Kam über uns mit seinem tiefen Frieden,
Doch blieb auch eine Wehmutspur.

Wann stehen wir wie jetzt so eng verbunden
Wohl wieder in dem Abendstrahl,
Wann bringen späte Jahre solcher Stunden
Verein im grünen Alpental?

Bald wird der Abschied mir die Brust zerschneiden,
Vom Vaterland, vom Vaterhaus.
Getrennt von dir muß Herzenfrost ich leiden,
Zur Fremde treibt es mich hinaus.

Du bist mir mehr als meine Heimatschwelle,
Dein Herz ist mir ein Heil'genschrein,
Mir wie dem müden Pilgrim die Kapelle;
Ich legte Wonn' und Schmerz hinein!

Wir werden oft uns, einst gewiß ach! trennen,
Vereint doch sein in Lieb', Gebet.
Wir werden wiedersehen uns, erkennen:
Ein Trost ist dies, der fest besteht.

Dein Bild

Die Sonne sinkt, die Berge glüh'n,
Und aus des Abends Rosen
Seh' ich so schön dein Bild mir blüh'n,
So fern dem Hoffnungslosen.

Strahlt Hesperus dann hell und mild
Am blauen Himmelsbogen,
So hat mit ihm dein süßes Bild
Die Sternenflur bezogen.

Im mondbeglänzten Laube spielt
Der Abendwinde Säuseln;
Wie freudig um dein zitternd Bild
Des Baches Wellen kräuseln! –

Es braust der Wald, am Himmel zieh'n
Des Sturmes Donnerflüge,
Da mal' ich in die Wetter hin,
O Mädchen, deine Züge.

Ich seh' die Blitze trunkenhaft
Um deine Züge schwanken,
Wie meiner tiefen Leidenschaft
Aufflammende Gedanken.

Vom Felsen stürzt die Gemse dort,
Enteilet mit den Winden,

So sprang von mir die Freude fort
Und ist nicht mehr zu finden.

Da bin ich, weiß nicht selber wie,
An einen Abgrund kommen,
Der noch das Kind der Sonne nie
In seinen Schoß genommen.

Ich aber seh' aus seiner Nacht
Dein Bild so hold mir blinken,
Wie mir dein Antlitz nie gelacht; –
Will's mich hinunter winken? –

Frage

Mir hat noch deine Stimme nicht geklungen,
Ich sah nur erst dein holdes Angesicht;
Doch hat der Strom der Schönheit mich bezwungen,
Der hell von dir in meine Seele bricht.

Ins Tiefste ist er mächtig mir gedrungen,
Was dort bis nun gelebt, nun lebt es nicht,
Süß sterbend ward es von der Flut verschlungen.
Das ist der Liebe himmlisches Gericht!

O daß mein kühnes Hoffen, banges Zagen
Ein milder Spruch aus deinem Munde grüßte!
Die Wellen, die so laut mein Herz durchschlagen,

Wohin doch werden sie die Seele tragen?
An der Erhörung Paradieseskäste? –
In der Verstoßung trauervolle Wüste? –

Der Himmel samt …

Der Himmel samt funkelnder Sternen
So wird meine Liebe doch ewig bestehen
Zu der holden erwählten Geliebten

Meine Braut

An der duftverlor'nen Grenze
Jener Berge tanzen hold
Abendwolken ihre Tänze,
Leichtgeschürzt im Strahlengold.

Wenn ich nach den lichten Räumen
Jener Berg' hinüberseh',
Überschleicht mich's wie ein Träumen,
Faßt mein Herz ein dunkles Weh.

Und mir ist, als wohne drüben
Meine Braut und harre bang,
Daß ich komme, sie zu lieben,
Eh' verblüht ist Herz und Wang'.

Plötzlich treibt ein wildes Sehnen
Nach den Bergen mich, zu ihr,
Fluchtverstreute Wonnetränen
Stürzen aus dem Auge mir.

Doch die Berge sich verdunkeln,
Und die Wolken werden Nacht;
Nicht ein Sternlein seh' ich funkeln,
Und der Sturm ist aufgewacht;

Scheltend ruft er mir entgegen:
Heißer Narr, wohin? verzeuch!
Deine Braut heißt Qual, – den Segen
Spricht das Unglück über euch!

Das Mondlicht

Dein gedenkend irr' ich einsam
Diesen Strom entlang;
Könnten lauschen wir gemeinsam
Seinem Wellenklang!

Könnten wir zusammen schauen
In den Mond empor,
Der da drüben aus den Auen
Leise taucht hervor.

Freundlich streut er meinem Blicke
Aus dem Silberschein
Stromhinüber eine Brücke
Bis zum stillen Hain. –

Wo des Stromes frohe Wellen
Durch den Schimmer zieh'n,
Seh' ich, wie hinab die schnellen
Unaufhaltsam flieh'n.

Aber wo im schimmerlosen
Dunkel geht die Flut,
Ist sie nur ein dumpfes Tosen,
Das dem Auge ruht. –

Daß doch mein Geschick mir brächte
Einen Blick von dir!

Süßes Mondlicht meiner Nächte,
Mädchen, bist du mir!

Wenn nach dir ich oft vergebens
In die Nacht geseh'n,
Scheint der dunkle Strom des Lebens
Trauernd stillzusteh'n;

Wenn du über seinen Wogen
Strahlest zauberhell,
Seh ich sie dahingezogen,
Ach, nur allzuschnell!

Ohne Wunsch

Ja, mich rührt dein Angesicht
Und dein Herz, das liebevolle,
Aber Mädchen, glaube nicht,
Daß ich dich besitzen wolle.

Kamst mir durch die Seele wie
Ein süßholdes Lied gedrungen,
Aber wie die Melodie
Mußt du wieder sein verklungen.

Meine Freuden starben mir
In der Brust, bestürmt, gespalten,
An den Bahren könnten wir
Nur mit Grauen Hochzeit halten.

Und ein trüber Lebensgang
Führte mich an steile Ränder,
Kind, mir würde um dich bang,
Flieh, es krachen die Geländer!

Grenzenloses, hoffnungsloses Lieben

Schilflieder

1.

Drüben geht die Sonne scheiden,
Und der müde Tag entschlief;
Niederhangen hier die Weiden
In den Teich, so still, so tief.

Und ich muß mein Liebstes meiden!
Quill, o Träne, quill hervor!
Traurig säuseln hier die Weiden,
Und im Winde bebt das Rohr.

In mein stilles, tiefes Leiden
Strahlst du, Ferne! hell und mild,
Wie durch Binsen hier und Weiden
Strahlt des Abendsternes Bild.

2.

Trübe wird's, die Wolken jagen,
Und der Regen niederbricht,
Und die lauten Winde klagen:
»Teich, wo ist dein Sternenlicht?«

Suchen den erlosch'nen Schimmer
Tief im aufgewühlten See.

Deine Liebe lächelt nimmer
Nieder in mein tiefes Weh!

3.

Auf geheimem Waldespfade
Schleich' ich gern im Abendschein
An das öde Schilfgestade,
Mädchen, und gedenke dein!

Wenn sich dann der Busch verdüstert,
Rauscht das Rohr geheimnisvoll,
Und es klaget und es flüstert,
Daß ich weinen, weinen soll.

Und ich mein', ich höre wehen
Leise deiner Stimme Klang
Und im Weiher untergehen
Deinen lieblichen Gesang.

4.

Sonnenuntergang;
Schwarze Wolken zieh'n,
O wie schwül und bang
Alle Winde flieh'n!

Durch den Himmel wild
Jagen Blitze, bleich;
Ihr vergänglich Bild
Wandelt durch den Teich.

Wie gewitterklar
Mein' ich dich zu seh'n,
Und dein langes Haar
Frei im Sturme weh'n!

5.

Auf dem Teich, dem regungslosen,
Weilt des Mondes holder Glanz,
Flechtend seine bleichen Rosen
In des Schilfes grünen Kranz.

Hirsche wandeln dort am Hügel,
Blicken in die Nacht empor;
Manchmal regt sich das Geflügel
Träumerisch im tiefen Rohr.

Weinend muß mein Blick sich senken;
Durch die tiefste Seele geht
Mir ein süßes Deingedenken,
Wie ein stilles Nachtgebet!

Reise-Empfindung

Ich sah in bleicher Silbertracht
Die Birkenstämme prangen,
Als wäre dran aus heller Nacht
Das Mondlicht blieben hangen;

Und in dem zarten Birkenhain
Sah ich ein Häuschen blinken,
Das hob gleich an, zu sich hinein
Holdfreundlich mich zu winken.

Wie da im roten Morgenstrahl
Die Fensterlein erglänzten;
Und wie so freudig Berg und Tal
Mit Rosen sich bekränzten!

Die Rebe auf zum Fenster klomm
Mit ihren gold'nen Trauben;
Die Unschuld saß am Dache fromm
In stillen weißen Tauben.

Die Lerche sang und schwand dahin
Auf morgenfrohen Schwingen,
So daß der blaue Himmel schien
Ins Tal herabzusingen. –

Da meint' ich schon, das Fenster soll
Sich freundlich mir erschließen,

Und aus dem Rahmen liebevoll
Die Teure mich begrüßen.

Du seligste der Fantasei'n!
Ach, wär' es mir beschieden,
Mit ihr zu leben hier allein
Im süßen Waldesfrieden!

Mit ihr im linden Frühlingshauch
Durch diesen Hain zu wallen,
Zu lauschen hier im Blütenstrauch
Dem Lied der Nachtigallen.

Mit ihr zu schau'n im Herbstesweh'n
Die welken Blätter fliegen,
Umrauscht vom schmerzlichen Vergeh'n,
Mich fest an sie zu schmiegen.

Wenn dann in rauher Winterzeit
Ein Lied mein Liebchen sänge,
Und aller Himmel Seligkeit
Mir in die Stube dränge! –

Ich wagt' es mich zu regen kaum
In meinem stillen Sinnen,
Besorgt, das Häuschen möcht', ein Traum,
Vor meinem Blick zerrinnen.

Doch, sieh, da öffnet sich die Tür,
Der Zauber war geschwunden,

Es trat ein Jägersmann herfür
Mit nachgesprengten Hunden.

Er grüßte mich mit raschem Blick
Und streift' waldein gar heiter,
Ich gab ihm seinen Gruß zurück,
Und traurig ging ich weiter.

Mein Stern

Um meine wunde Brust geschlagen
Den Mantel der Melancholei,
Flog ich, vom Lebenssturm getragen,
An dir, du Herrliche, vorbei.

Vom Himmel deiner Augen stiegen
Wie Engel Tränen niederwärts
An deinen holdgerührten Zügen
Und priesen mir dein gutes Herz.

Und alle Welten um mich schwanden,
Mein Leben starrt' in seinem Lauf,
Im süßempörten Busen standen
Die alten Götter wieder auf.

Da riß der Sturm von dir mich wieder
Hinaus in seine wüste Nacht,
Doch strahlt nun Frieden auf mich nieder
Ein Stern mit ewig heller Pracht.

Denn wie, vom Tode schon umfangen,
Der Jüngling nach der holden Braut
Die Arme streckt mit Glutverlangen
Und sterbend ihr ins Auge schaut:

So griff nach deinem holden Bilde
Die Seele, schaut es ewig an,

Sieht nichts vom trüben Erdgefilde,
Fühlt nicht die Dornen ihrer Bahn.

Entriss' auch einst der Tod mir strenge,
Was mir das Leben Liebes gab;
Er nehm' es hin! doch eines ränge –
Ich ränge kühn dein Bild ihm ab.

Nie zurück

Als der Cherub aus dem Paradies
Ihn und seine Klagen streng verwies,
Weinte Adam noch am Gartensaume
Still zurück nach seinem schönen Traume,

Und durch einen weichen Morgenwind
Sandten Rosen ihm erbarmungslind
Duftend ihre süßen Scheideküsse,
Paradiesesvögel letzte Grüße.

Wie er trauernd an der Grenze stand,
Wie er tief das »Nie zurück!« empfand,
Mich durchdrangen alle seine Leiden,
Als ich mußt' auf immer von dir scheiden.

Mir auch ward zum milden Scheidegruß
Deiner Lippenrosen noch ein Kuß,
Und wie Edens Vögel ihn gesungen,
Kam dein Lebewohl, mir nachgeklungen.

Liebe und Vermählung

Erste Stimme

Sieh dort den Berg mit seinem Wiesenhange,
Die Sonne hat verzehrend ihn durchglüht,
Und Strahl auf Strahl noch immer niedersprüht;
Wie sehnt er nach der Wolke sich so bange!
Dort schwebt sie schon mit ihrem luft'gen Gange,
Auf deren Kuß die Blumenfreude blüht.
Wie flehend sich um ihre Neigung müht
Der Berg, daß sie sein Felsenarm umfange!
Sie kommt, sie naht, sie wird herniedersinken,
Er aber die Erquickungsreiche tief
Hinab in seinen heißen Busen trinken;
Und auferblüh'n in wonniger Beseelung
Wird, was an schönen Blüten in ihm schlief.
Dies ist ein Bild der Liebe, der Vermählung.

Zweite Stimme

Sieh hier den Bach, anbei die Waldesrose;
Sie mögen dir vom Lieben und Vermählen
Die täuschungsvollen, wandelbaren Lose
Getreuer viel als Berg und Wolk' erzählen.
Die Blume lauscht ins liebliche Getose,
Im Haine singen tausend süße Kehlen,
Und ihr zu Füßen weint der Ruhelose,
Der immer kommt, ihr immer doch zu fehlen.
Ein schönes Spiel! solang der Frühling säumt,

Die Rose still zum Bach hinunterträumt,
Solang ihr Bild in seinen Wellen zittert.
Wenn Sommersgluten sie vom Strauche jagen,
Wenn sie vom Bache wird davongetragen,
Dann ist sie welk, der Zauber ist verwittert.

Frühlingsblicke

Durch den Wald, den dunklen, geht
Holde Frühlingsmorgenstunde,
Durch den Wald vom Himmel weht
Eine leise Liebeskunde.

Selig lauscht der grüne Baum,
Und er taucht mit allen Zweigen
In den schönen Frühlingstraum,
In den vollen Lebensreigen.

Blüht ein Blümlein irgendwo,
Wird's vom hellen Tau getränket,
Das einsame zittert froh,
Daß der Himmel sein gedenket.

In geheimer Laubesnacht
Wird des Vogels Herz getroffen
Von der großen Liebesmacht,
Und er singt sein süßes Hoffen.

All das frohe Lenzgeschick
Nicht ein Wort des Himmels kündet,
Nur sein stummer, warmer Blick
Hat die Seligkeit entzündet.

Also in den Winterharm,
Der die Seele hielt bezwungen,
Ist ein Blick mir, still und warm,
Frühlingsmächtig eingedrungen.

Asyl

Hohe Klippen, rings geschlossen,
Wenig kümmerliche Föhren,
Traurig flüsternde Genossen,
Die hier keinen Vogel hören.

Nichts vom lieblichen Gesange
In den schönen Frühlingszeiten;
Geiern wird es hier zu bange,
In so dunklen Einsamkeiten.

Weiches Moos am Felsgesteine,
Schwellend scheint es zu begehren:
Komm, o Wolke, weine, weine
Mir zu die geheimen Zähren! –

Winde hauchen hier so leise,
Rätselstimmen tiefer Trauer,
Hier und dort die Blumenwaise
Zittert still im Abendschauer.

Und kein Bach nach diesen Gründen
Darf mit seinem Rauschen kommen,
Darf der Welt verratend künden,
Was er Stilles hier vernommen.

Denn die rauhen Felsen sorgen,
Daß noch eine Stätte bliebe,
Wo ausweinen kann verborgen
Eine unglückliche Liebe.

Sommerfäden

Mädchen, sieh, am Wiesenhange,
Wo wir oft gewandelt sind,
Sommerfäden, leichte, lange,
Gaukeln fort im Abendwind.

Deine Worte, leicht und munter,
Flattern in die kühle Luft,
Keines mehr, wie sonst, hinunter
In des Herzens Tiefe ruft.

Winter spinnet los' und leise
An der Fäden leichtem Flug,
Webt daran aus Schnee und Eise
Bald den Leichenüberzug.

Künden mir die Sommerfäden,
Daß der Sommer welk und alt,
Merk' ich es an deinen Reden,
Mädchen, daß dein Herz wird kalt!

Frühlingsgedränge

Frühlingskinder im bunten Gedränge,
Flatternde Blüten, duftende Hauche,
Schmachtende, jubelnde Liebesgesänge
Stürzen ans Herz mir aus jedem Strauche.
Frühlingskinder mein Herz umschwärmen,
Flüstern hinein mit schmeichelnden Worten,
Rufen hinein mit trunkenem Lärmen,
Rütteln an längst verschlossenen Pforten.
Frühlingskinder, mein Herz umringend,
Was doch sucht ihr darin so dringend?
Hab' ich's verraten euch jüngst im Traume,
Schlummernd unter dem Blütenbaume?
Brachten euch Morgenwinde die Sage,
Daß ich im Herzen eingeschlossen
Euren lieblichen Spielgenossen,
Heimlich und selig – ihr Bildnis trage?

Lebewohl an Eugenie

Lebewohl! ach, jene Abendstunde,
Und mein Glück ist schnell verrauscht,
Wie das holde Wort aus deinem Munde,
Dem mein zitternd Herz gelauscht,
Wie der Wellen dunkle Sprachen,
Die umbrausten unser'n Nachen.

Lebewohl! kein räuberisch Geschicke
Meinem Herzen rauben kann,
Wie in deinem seelentiefen Blicke
Auf mein Glück der Himmel sann.
Stund' und Welle rauschten nieder,
Und wir sehen uns nicht wieder!

Stumme Liebe

Ließe doch ein hold Geschick
Mich in deinen Zaubernähen,
Mich in deinem Wonneblick
Still verglühen und vergehen;

Wie das fromme Lampenlicht
Sterbend glüht in stummer Wonne
Vor dem schönen Angesicht
Dieser himmlischen Madonne! –

Scheiden

Dahin sind Blüten jetzt und Nachtigallen,
Und durch den kahlen, traurig stillen Strauch
Weht nun des Herbstes einsam kühler Hauch;
Mein Glück ist mit dem Laube abgefallen.

Das ist der Hain, wo ich mit dir verweilte,
Das ist der Büsche wonnigliche Haft,
Wo uns am Fleh'n der süßen Leidenschaft
Unfesselbar die Zeit vorübereilte.

Du wanderst fort, du willst die Welt durchmessen,
Hier ist der Pfad, so schlangenkrumm und kalt,
Der dich, Geliebter, locket mit Gewalt
Und fortführt in die Fremde, ins Vergessen! –

»Das Schiff bewegt mit seinem Reisedrange
Und stört empor die See aus glatter Ruh;
Doch ist es fort, schließt sich die Welle zu,
Gleichgültig wallt sie fort im alten Gange.

Siehst du von jenem Baum den Vogel fliegen?
Von seinem Fortschwung wankt und bebt der Ast
Ein Weilchen noch, und kehrt zur alten Rast: –
Und deine Klagen werden auch versiegen!«

Waldgang

Ich ging an deiner Seite
In einem Buchenhaine,
Ein störendes Geleite
Ließ nimmer uns alleine.

Und mußten wir zurücke
Ins Herz die Worte pressen,
So sagten unsre Blicke,
Daß wir uns nicht vergessen.

Und seh'n wir uns nicht wieder
In diesem Erdenleben,
Dich werden meine Lieder
Verherrlichend umschweben.

Das Bächlein trieb hinunter
Der Wellen rasche Tänze,
Und rauschend flocht und bunter
Der Herbst der Wehmut Kränze;

Doch aus des Walds Verdüstern,
Den Stimmen des Vergehens,
Hört' ich die Hoffnung flüstern
Des ew'gen Wiedersehens.

Wandel der Sehnsucht

Wie doch dünkte mir die Fahrt so lang,
O wie sehnt' ich mich zurück so bang
Aus der weiten, fremden Meereswüste
Nach der lieben, fernen Heimatküste.

Endlich winkte das ersehnte Land,
Jubelnd sprang ich an den teuren Strand,
Und als wiedergrüne Jugendträume
Grüßten mich die heimatlichen Bäume.

Hold und süßverwandt, wie nie zuvor,
Klang das Lied der Vögel an mein Ohr;
Gerne, nach so schmerzlichem Vermissen,
Hätt' ich jeden Stein ans Herz gerissen.

Doch, da fand ich dich, und – todesschwank
Jede Freude dir zu Füßen sank,
Und mir ist im Herzen nur geblieben
Grenzenloses, hoffnungsloses Lieben.

O wie sehn' ich mich so bang hinaus
Wieder in das dumpfe Flutgebraus!
Möchte immer auf den wilden Meeren
Einsam nur mit deinem Bild verkehren!

Schwärmer

Diese Blumen ohne Duft und Farben,
Und von ihr, an deren Brust sie starben,
In den Staub geworfen und vergessen,
Magst du sie noch an die Lippen pressen?
Soll die Blüte ihnen wiederkehren,
Daß du sie betaust mit Liebeszähren?
Schwärmer, den ein welkes Blatt entzückt,
Das im Spiel ein schönes Kind zerknickt!

»Schwärmer! denkst du noch an jene Leiche?
O wie mochtest du die welke, bleiche
Überweinen und zur Lippe pressen!
War sie nicht verlassen und vergessen
Von der schönen Seel' in flücht'ger Eile,
Die damit gespielet kurze Weile?« –

Stille Sicherheit

Horch, wie still es wird im dunkeln Hain,
Mädchen, wir sind sicher und allein.

Still versäuselt hier am Wiesenhang
Schon der Abendglocke müder Klang.

Auf den Blumen, die sich dir verneigt,
Schlief das letzte Lüftchen ein und schweigt.

Sagen darf ich dir, wir sind allein,
Daß mein Herz ist ewig, ewig dein!

Scheideblick

Als ein unergründlich Wonnemeer
Strahlte mir dein tiefer Seelenblick;
Scheiden mußt' ich ohne Wiederkehr,
Und ich habe scheidend all mein Glück
Still versenkt in dieses tiefe Meer.

Wunsch

Urwald, in deinem Brausen
Und ernsten Dämmerschein
Mit der Geliebten hausen
Möcht' ich allein – allein!

Von deinen schlanksten Bäumen
Baut' ich ein Hüttlein traut
Mir aus zu Himmelsräumen;
O komm, du schöne Braut!

Ich legte Moosgebreite
Weich unter ihren Schritt,
Und meine Liebe streute
Ich unter ihren Tritt.

Für sie das Wild erjagen,
Aus tiefster Schlucht empört!
Für sie den Feind erschlagen,
Der unser'n Frieden stört!

Ich würd' in Mondesnächten,
Beim stillen Sternentanz,
Von wilden Liedern flechten
Um meine Braut den Kranz;

Und in den Abendgluten
Am Fels hier oben steh'n,

Mit ihr die Donnerfluten
Zum Abgrund stürzen seh'n;

Und weit hinunterblicken
Ließ' sie mein starker Arm,
Wie würd' ich sie dann drücken
Ans Herz so fest und warm!

Einsamkeit

Wild verwachs'ne dunkle Fichten,
Leise klagt die Quelle fort;
Herz, das ist der rechte Ort
Für dein schmerzliches Verzichten!

Grauer Vogel in den Zweigen!
Einsam deine Klage singt,
Und auf deine Frage bringt
Antwort nicht des Waldes Schweigen.

Wenn's auch immer Schweigen bliebe,
Klage, klage fort; es weht,
Der dich höret und versteht,
Stille hier der Geist der Liebe.

Nicht verloren hier im Moose,
Herz, dein heimlich Weinen geht,
Deine Liebe Gott versteht,
Deine tiefe, hoffnungslose!

Meine Furcht

O stürzt, ihr Wolkenbrüche,
Zum Abgrund nur hinab!
O reißt, ihr Sturmesflüche,
Die Wälder in ihr Grab!
O flammt, ihr Blitzesgluten!
O rase, Donnerklang!
Ihr könnt mich nicht entmuten,
Mir wird vor euch nicht bang.
Wenn ihr aufs Herz mir zielet,
Euch acht' ich Kinder nur,
Daß ihr Vernichten spielet,
Entsprangt ihr der Natur!
Wohl spott' ich Sturmesgrimme
Und wildem Donnerscherz;
Und doch vor einer Stimme
Erzittert mir das Herz;
Die schnell das Herz mir bräche,
Die Stimme fürcht' ich sehr:
Wenn die Geliebte spräche:
Ich liebe dich nicht mehr!

Tod und Trennung

Gottes Milde mocht' es fügen,
Liegt ein Mensch in letzten Zügen,
Steh'n am Sterbepfühl die Seinen,
Daß sie müssen weinen, weinen;

Daß sie nicht vor Tränen schauen
Das unnennbar bange Grauen,
Wie der Geist verläßt die Hülle,
Letztes Zucken, tiefe Stille.

Weh dem Tränenlosen, wehe,
Der sich wagt in Sterbens Nähe,
Denn ihm kann durchs ganze Leben
Jenes Grauen heimlich beben.

Doch ein Anblick tief'rer Trauer,
Bänger als des Sterbens Schauer,
Wär' es, könnt' ein Aug' es fassen,
Wie zwei Herzen sich verlassen.

Neid der Sehnsucht

Die Bäche rauschen
Der Frühlingssonne,
Hell singen die Vögel,
Es lauschen die Blüten,
Und sprachlos ringen
Sich Wonnedüfte
Aus ihrem Busen;
Und ich muß trauern,
Denn nimmer strahlt mir
Dein Aug', o Geliebte! –
Nicht über den Wellen
Des Ozeanes,
Nicht über den Sternen
Und nicht im Lande
Der Phantasien
Ist meine Heimat;
Ich finde sie nur
In deinem Auge!
Was je mir freudig
Beseelte das Leben,
Was nach dem Tode
Mir weckte die Sehnsucht,
Entschwund'ner Kindheit
Fröhliche Tage
Und meiner Jugend
Himmlische Träume,
Von meinen Toten

Trauliche Grüße
Und meiner Gottheit
Stärkenden Anblick,
Das alles find' ich
In deinem Auge,
O meine Geliebte!
Nun bist du ferne,
Und bitter beneiden
Muß jeden Stein ich
Und jede Blume,
Beneiden die kalten
Menschen und Sterne,
An die du vergeudest
Die süßen Blicke.

Denn Lieben ist ein banges Los

An den Wind

Ich wand're fort ins ferne Land;
Noch einmal blickt' ich um, bewegt,
Und sah, wie sie den Mund geregt
Und wie gewinket ihre Hand.

Wohl rief sie noch ein freundlich Wort
Mir nach auf meinen trüben Gang,
Doch hört' ich nicht den liebsten Klang,
Weil ihn der Wind getragen fort.

Daß ich mein Glück verlassen muß,
Du rauher, kalter Windeshauch,
Ist's nicht genug, daß du mir auch
Entreißest ihren letzten Gruß?

Wunsch

Fort möcht' ich reisen
Weit, weit in die See,
O meine Geliebte,
Mit dir allein!

Die Dränger und Lauscher
Und kalten Störer,
Sie hielt' uns ferne
Der wallende Abgrund,
Das drohende Meer,
Wir wären so sicher
Und selig allein.
Und käme der Sturm,
Ich würde dich halten
An meiner Brust.
Wenn donnernde Wogen
Zum Himmel schlügen,
Doch hoher schlüge
Mein trunkenes Herz;
Und meine Liebe,
Die ewige, starke,
Sie würde frohlockend
Dich halten im Sturm.
Du würdest zitternd
Mir blicken ins Auge
Und würdest erblicken,
Was nimmer scheitert

In allen Stürmen,
Und würdest lächeln
Und nicht mehr zittern.

Sieh, nun ermüdet
Der tobende Aufruhr,
In Schlummer sinken
Die Wellen und Winde,
Und über den Wassern
Ist tiefe Stille.
Da ruhst du sinnend
An meiner Brust.
So tiefe Stille:
Mein lauschendes Herz
Hört Antwort pochen
Dein lauschendes Herz.
Wir sind allein,
Doch flüsterst du leise,
Um nicht zu stören
Das sinnende Meer.
Nur sanft erzittern
Die Lippen dir,
Die schwellenden Blätter
Der süßen Rose,
Ich sauge dein Wort,
Den klingenden Duft
Der süßen Rose.

Im Osten hebt sich
Der klare Mond,

Und Gott bedecket
Den Himmel mit Sternen,
Und ich bedecke,
Selig wie er,
Dein liebes Antlitz,
Den schöner'n Himmel,
Mit feurigen Küssen.

Jugend und Liebe

Die Jugend folgt, ein Rosenblatt, den Winden.
Wenn, jung getrennt, sich wiederseh'n die Alten,
Sie meinen doch, in ihren ernsten Falten
Den Strahl der süßen Jugend noch zu finden.

Des Dauerns Wahn, wer läßt ihn gerne schwinden?
Mag auch ein Herz, das uns geliebt, erkalten,
Wir suchen immer noch den Traum zu halten,
Nur stiller sei geworden sein Empfinden.

Die Jugend folgt, ein Rosenblatt, den Lüften;
Noch leichter als die Jugend flieht die Liebe,
Die nur des Blattes wonnereiches Düften.

Und dennoch an den herben Tod des Schönen,
Im treuen Wahn, als ob es ihm noch bliebe,
Kann sich das Herz auch sterbend nicht gewöhnen.

Der schwere Abend

Die dunklen Wolken hingen
Herab so bang und schwer,
Wir beide traurig gingen
Im Garten hin und her.

So heiß und stumm, so trübe
Und sternlos war die Nacht,
So ganz wie unsre Liebe
Zu Tränen nur gemacht.

Und als ich mußte scheiden
Und gute Nacht dir bot,
Wünscht' ich bekümmert beiden
Im Herzen uns den Tod.

Meine Rose

Dem holden Lenzgeschmeide,
Der Rose, meiner Freude,
Die schon gebeugt und blasser
Vom heißen Strahl der Sonnen,
Reich' ich den Becher Wasser
Aus dunklem, tiefem Bronnen.

Du Rose meines Herzens!
Vom stillen Strahl des Schmerzens
Bist du gebeugt und blasser.
Ich möchte dir zu Füßen,
Wie dieser Blume Wasser,
Still meine Seele gießen!
Könnt' ich dann auch nicht sehen
Dich freudig auferstehen.

An ...

O wag es nicht, mit mir zu scherzen,
Zum Scherze schloß ich keinen Bund;
O spiele nicht mit meinem Herzen,
Weißt du noch nicht, wie sehr es wund?

Weil ich so tief für dich entbrannte,
Weil ich mich dir gezeigt so weich,
Dein Herz die süße Heimat nannte
Und deinen Blick mein Himmelreich:

O rütt'le nicht den Stolz vom Schlummer,
Der süßer Heimat sich entreißt,
Dem Himmel, mit verschwieg'nem Kummer,
Auf immerdar den Rücken weist.

Traurige Wege

Bin mit dir im Wald gegangen;
Ach, wie war der Wald so froh!
Alles grün, die Vögel sangen,
Und das scheue Wild entfloh.

Wo die Liebe frei und offen
Rings von allen Zweigen schallt,
Ging die Liebe ohne Hoffen
Traurig durch den grünen Wald. –

Bin mit dir am Fluß gefahren;
Ach, wie war die Nacht so mild!
Auf der Flut, der sanften, klaren,
Wiegte sich des Mondes Bild.

Lustig scherzten die Gesellen;
Unsre Liebe schwieg und sann,
Wie mit jedem Schlag der Wellen
Zeit und Glück vorüberrann. –

Als wir einst am Kirchhof gingen;
Ach, wie schliefen sie so fest!
Graue Wolken niederhingen,
Durch die Kreuze strich der West.

An den Kreuzen, an den Steinen
Fand die Liebe keinen Halt;

Sahen uns die Toten weinen,
Als wir dort vorbeigewallt?

Drauf wir in die Kirche traten,
Ach, wie war die Kirche still,
Und kein Strahl in ihre Schatten
Durch die düster'n Fenster fiel!

In des Domes dunklen Mauern
Standen wir, von Gott bewegt,
Und ich fühlte, ewig dauern
Wird – was uns im Herzen schlägt.

An die Entfernte

I.

Diese Rose pflück' ich hier,
In der fremden Ferne;
Liebes Mädchen, dir, ach dir
Brächt' ich sie so gerne!

Doch bis ich zu dir mag zieh'n
Viele weite Meilen,
Ist die Rose längst dahin,
Denn die Rosen eilen.

Nie soll weiter sich in's Land
Lieb' von Liebe wagen,
Als sich blühend in der Hand
Läßt die Rose tragen;

Aber als die Nachtigall
Halme bringt zum Neste,
Oder als ihr süßer Schall
Wandert mit dem Weste.

II.

Rosen fliehen nicht allein
Und die Lenzgesänge,
Auch dein Wangenrosenschein,
Deine süßen Klänge.

O, daß ich, ein Tor, ein Tor,
Meinen Himmel räumte!
Daß ich einen Blick verlor,
Einen Hauch versäumte!

Rosen wecken Sehnsucht hier,
Dort die Nachtigallen,
Mädchen, und ich möchte dir
In die Arme fallen!

An …

Ach wärst du mein, es wär' ein schönes Leben!
So aber ist's Entsagen nur und Trauern
Und ein verlor'nes Grollen und Bedauern;
Ich kann es meinem Schicksal nicht vergeben.

Undank tut wohl und jedes Leid der Erde;
Ja! meine Freund' in Särgen, Leich' an Leiche
Sind ein gelinder Gram, wenn ich's vergleiche
Dem Schmerz, daß ich dich nie besitzen werde.

Das dürre Blatt

Durchs Fenster kommt ein dürres Blatt,
Vom Wind hereingetrieben;
Dies leichte, off'ne Brieflein hat
Der Tod an mich geschrieben.

Das dürre Blatt bewahr' ich mir,
Will's in die Blätter breiten,
Die ich empfangen einst von ihr;
Es waren schöne Zeiten!

Da draußen steht der Baum so leer;
Wie er sein Blatt im Fluge,
Kennt sie vielleicht ihr Blatt nicht mehr,
Trotz ihrem Namenszuge.

Der toten Liebe Worte fleh'n,
Daß ich auch sie vernichte,
Wie festgehalt'ne Lügner steh'n
Sie mir im Angesichte.

Doch will ich nicht dem holden Wahn
Den Wurf ins Feuer gönnen;
Die Worte seh'n mich traurig an,
Daß sie nicht sterben können.

Ich halte fest, zu bitt'rer Lust,
Was all mein Glück gewesen,

In meinen schmerzlichen Verlust
Will ich zurück mich lesen.

Das dürre Blatt leg' ich dazu,
Des Todes milde Kunde,
Daß jedes Leiden findet Ruh'
Und Heilung jede Wunde.

Zueignung

Von allen, die den Sänger lieben,
Die was ich fühlte nachempfanden,
Die es besprochen und beschrieben,
Hat niemand mich wie du verstanden.

Des Herzens Klagen heiß und innig,
Die liedgeworden ihm entklangen,
Hat deine Seele, tief und sinnig,
Getreuer als mein Lied empfangen.

Die Schauer, die mein Herz durchwehten,
Die unerfaßlich meinem Sange,
Sie sprachen, tröstende Propheten,
In deines Wortes süßem Klange.

Und durft' ich ahnend in den Bronnen
Der göttlichen Gedanken sinken,
So sah ich klar die dunklen Wonnen
In deinem schönen Auge blinken.

Der Himmel taut in finster'n Hainen
Zum Lied der Nachtigallen nieder,
Und deine Augen sah ich weinen
Herab auf meine bangen Lieder.

Seh' ich der Augen Zauberkreise
Gesenkt, geschwellt, in trauter Nähe,

Ist's ob ich deine Seele leise
Die Luft der Tugend atmen sehe.

Dein ist mein Herz, mein Schmerz dein eigen,
Und alle Freuden, die es sprengen,
Dein ist der Wald mit allen Zweigen,
Mit allen Blüten und Gesängen.

Das Liebste, was ich mag erbeuten
Mit Liedern, die mein Herz entführten,
Ist mir ein Wort, daß sie dich freuten,
Ein stummer Blick, daß sie dich rührten.

Und sollt' ich nach dem hellen Ruhme
Mich manchmal auch am Wege bücken,
So will ich mit der schönen Blume
Nur, Freundin, dir den Busen schmücken.

Der Fingerhut

Hast du noch immer nicht gefunden den teur'en, teur'en Fingerhut,
Um den du plötzlich aufgesprungen
Und meinen Armen dich entrungen;
Ich ließ dich fahren mit verbiss'ner, doch wahrlich nicht geringer Wut.
Wär' ich ein Forscher, spräch' ich trocken:
Indes du's Hütlein suchst erschrocken,
Such' ich, worauf das Herz des Weibes, das wandelbare Ding, beruht?
Wär' ich ein Schwärmer, rief ich fluchend:
O wär' ich doch, den Rhein besuchend,
Ertrunken in den tiefsten Wirbeln der weitverruf'nen Bingerflut!
Als Egoiste würd' ich sprechen:
Das Hütlein schützt sie vor dem Stechen,
Ich will's mit meinem Herzen halten, wie sie mit ihrem Finger tut,
Ich leg' ans Herz, daß sie's nicht raube,
Mir eine Sturm- und Pickelhaube,
Das ist für ihre Liebesblicke, die scharfen Herzdurchdringer, gut.

Doch bin ich nichts davon und sage:
Such' überall herum und frage;
Kannst doch das Meer nicht meiner Liebe
ausschöpfen mit dem Fingerhut,
Hat die Romantik deiner Liebe auch Platz in einem
Fingerhut.

Erinnerung

Einst gingen wir auf einer Bergeswiese,
Tief atmend tranken wir die Blumenseelen,
Das Bächlein kam herab, uns zu erzählen
Den unvergess'nen Traum vom Paradiese.

Wir sah'n das Abendrot die Gipfel färben,
Es war ein Spiel vom schönsten Alpenlichte,
Doch wandt' ich mich nach deinem Angesichte,
Das strahlte mir wie Liebe ohne Sterben.

Bald war den Bergen ihre Glut entschwunden,
Und wird vielleicht so schön nie wieder kommen;
Auch deinem Antlitz war der Strahl genommen,
Ich sah ihn nicht in allen später'n Stunden.

Hat mich vielleicht in deinen Zaubermienen
Der Widerschein der Sonne nur geblendet?
Auch dann ein Strahl der Liebe, die nicht endet,
Doch besser wär's, er hätte nicht geschienen.

Bei Übersendung eines Straußes

In den trüben, in den kalten
Tagen, die uns heimgesucht,
Hat der Herbst auf ihrer Flucht
Letzte Blumen aufgehalten,
Um sie dir zu schenken!
Diesem Herbste will ich gleichen:
Wenn auf meine lauten Wälder,
Blumigen Gedankenfelder
Mir die Todeslüfte streichen,
Daß sie schweigen und verblüh'n,
Will ich mit dem letzten Grün
Deiner noch gedenken.

Kommen und Scheiden

Sooft sie kam, erschien mir die Gestalt
So lieblich, wie das erste Grün im Wald.

Und was sie sprach, drang mir zum Herzen ein,
Süß, wie des Frühlings erstes Lied im Hain.

Und als Lebwohl sie winkte mit der Hand,
War's, ob der letzte Jugendtraum mir schwand.

Liebesfrühling

Ich sah den Lenz einmal
Erwacht im schönsten Tal;
Ich sah der Liebe Licht
Im schönsten Angesicht.

Und wandl' ich nun allein
Im Frühling durch den Hain,
Erscheint aus jedem Strauch
Ihr Angesicht mir auch.

Und seh' ich sie am Ort,
Wo längst der Frühling fort,
So sprießt ein Lenz und schallt
Um ihre süße Gestalt.

Frage nicht

Wie sehr ich dein, soll ich dir sagen?
Ich weiß es nicht und will nicht fragen;
Mein Herz behalte seine Kunde,
Wie tief es dein im Grunde.

O still! ich möchte sonst erschrecken,
Könnt' ich die Stelle nicht entdecken,
Die unzerstört für Gott verbliebe
Beim Tode deiner Liebe.

Laß mich ziehn

Ich bin kein Freund von Sterbensehen;
Wenn deine Liebe soll vergehen,
So sterbe sie allein, ich will
Mit meiner sein allein und still.

Gedächtnis weiß getreu von Jahren
Die Liebeszeichen zu bewahren;
Wenn eins dir nach dem andern weicht,
Seh' ich, wie Tod dein Herz beschleicht.

Du merkst es nicht, viel ist geblieben;
O Gott! es war ein reiches Lieben;
Viel hat der Tod zu knicken doch,
Bis alles aus; er knickt es noch.

Du merkst es nicht; mein sind die Schmerzen;
Doch leichter wird es deinem Herzen,
Da du von mir dich scheidest los,
Denn Lieben ist ein banges Los.

Wie Tod sich mag mit Liebe messen,
Bei dir, die ich nicht kann vergessen,
Will ich's nicht schau'n, wenn ich's auch seh'
Im Schmerze, daß allein ich steh'.

Gut ist's, vors Aug' die Hände schlagen,
Ist nicht ein Anblick zu ertragen;

O könnte so das Herz dem Licht
Entflieh'n beim Anblick, der es bricht!

Ich glaub' es nicht, daß deiner Seele,
Der schönsten, ew'ge Liebe fehle;
Doch traur' ich, bis die Gruft mich deckt,
Daß meine Lieb' sie nicht geweckt.

Welke Rose

In einem Buche blätternd, fand
Ich eine Rose welk, zerdrückt,
Und weiß auch nicht mehr, wessen Hand
Sie einst für mich gepflückt.

Ach, mehr und mehr im Abendhauch
Verweht Erinn'rung; bald zerstiebt
Mein Erdenlos, dann weiß ich auch
Nicht mehr, wer mich geliebt.

Durch den Hain mit bangem Stoße

Durch den Hain mit bangem Stoße
Die Gewitterlüfte streichen;
Tropfen sinken, schwere, große,
Auf die Blätter dieser Eichen.

An ein banges Herzensklopfen
Mahnt mich dieser Bäume Schwanken,
Mahnt mich an Gewittertropfen,
Die aus lieben Augen sanken.

Muß ein großer Schmerz in Zähren
Sich entlasten unaufhaltsam,
Stürzen ihm die großen, schweren
Tropfen plötzlich und gewaltsam.

War die Träne noch zu fassen,
Kam sie nicht hervorgebrochen,
Denn der Schmerz will sie nicht lassen,
Will sie heißer, herber kochen.

O! es waren heiße, herbe,
Die aus ihren Augen quollen;
Und ich werde, bis ich sterbe,
Sehen diese Tränen rollen.

Abend ist's, die Wipfel wallen

Abend ist's, die Wipfel wallen
Zitternd schon im Purpurscheine,
Hier im lenzergriff'nen Haine
Hör' ich noch die Liebe schallen.

Kosend schlüpfen durch die Äste
Munt're Vöglein, andre singen,
Rings des Frühlings Schwüre klingen,
Daß die Liebe ist das Beste.

Wo die frischen Wellen fließen,
Trinken Vöglein aus der Quelle,
Keins will unerquickt zur Stelle
Seinen Tagesflug beschließen.

Wie ins dunkle Dickicht schweben
Vöglein nach dem Frühlingstage,
Süß befriedigt, ohne Klage,
Möcht' ich scheiden aus dem Leben;

Einmal nur, bevor mir's nachtet,
An den Quell der Liebe sinken,
Einmal nur die Wonne trinken,
Der die Seele zugeschmachtet,

Wie vor Nacht zur Flut sich neigen
Dort des Waldes durst'ge Sänger;
Gern dann schlaf' ich, tiefer, länger,
Als die Vöglein in den Zweigen.

Zweifelnder Wunsch

Wenn Worte dir vom Rosenmunde wehen,
Bist du so schön! – gesenkten Angesichts
Und still, bist du so schön! – was soll ich flehen:
O rede mir!? o sage nichts!?

Drum laß mich zwischen beiden Himmeln schwanken,
Halb schweigend, sprechend halb, beglücke mich
Und flüst're mir, wie heimlich in Gedanken,
Das süße Wort: »ich liebe dich!«

Verlornes Glück

Die Bäume rauschen hier noch immer,
Doch sind's dieselben Blätter nimmer,
Wie einst in jener Sommernacht.
Wohin, du rauhes Erdenwetter,
Hast du die damals grünen Blätter,
Wohin hast du mein Glück gebracht?

Sie schritt mit mir durch diese Bäume,
Ihr gleicht kein Bild beglückter Träume,
So schön und doch so treu und klar;
Das Mondlicht ruht' auf ihren Wangen,
Und ihre süßen Worte klangen:
»Dich werd' ich lieben immerdar!«

Je tiefer mit den Räuberkrallen
Der Tod ins Leben mir gefallen,
Je tiefer schloß ins Herz ich ein
Den Schatz der Lieb', dem Tode wehrend;
Doch bricht der Räuber, allbegehrend,
Zuletzt nicht auch den letzten Schrein?

Nachwort

Der am 13. August 1802 in Csatád/Banat geborene österreichisch-ungarische Dichter Nikolaus Lenau (eigtl. Nikolaus Niembsch, Edler von Strehlenau) zählt neben Leopardi und Byron zu den bedeutendsten und einflußreichsten Vertretern der europäischen Weltschmerz-Literatur des 19. Jahrhunderts. Übermächtiges Vergänglichkeitsgefühl und leidenschaftliche Sinnlichkeit, resignative Schwermut und paradoxe eschatologische Hoffnung, universeller Geschichtspessimismus und manisch-aufbegehrende Daseinsbejahung sind die existentiellen Pole, in deren Spannungsfeld sich Lenau mit seiner subjektivistischen Dichtung maßgeblich bewegt.

Lenaus unheilbarer »Schmerz des Lebens«, zu dem »der Kompaß seiner Seele« nach eigenem Bekenntnis »immer wieder zurückzittert«, ist vor allem auch ein tiefempfundenes, tragisches Leiden an der Liebe. Im Mittelpunkt sehr vieler seiner formvollendeten, melancholisch-elegischen Gedichte, die von zahlreichen bekannten Komponisten vertont wurden, steht die schicksalhafte Erfahrung der unglücklichen, unwiederbringlich verlorenen Liebe oder unerfüllbaren erotischen Sehnsucht.

Als junger Student begegnet der Dichter 1821 in Wien der ersten großen Liebe seines Lebens, der aus bescheidenen sozialen Verhältnissen stammenden Bertha Hauer, mit der er mehrere Jahre zusammenlebt. Mit schwärmerischem Pathos besingt Lenau, dessen frühe Lyrik noch weitgehend an der literarischen Tradition der Empfindsamkeit bzw.

der Dichtung des Göttinger Hainbundes orientiert ist, in dem 1823 entstandenen Gedicht *Erinnerung* die »göttliche« Geliebte und die »selige Stunde« ihres gemeinsamen nächtlichen Liebesglücks. Als er nach der Geburt einer Tochter im März 1826 die Vaterschaft anzuzweifeln beginnt, kommt es zwischen ihm und Bertha jedoch zu Unstimmigkeiten, die ein Jahr später zum Ende dieser Beziehung führen. Lenaus Jugendliebe scheiterte offenbar auch am Widerstand der eigenen Familie, insbesondere seiner argwöhnischen Mutter, die die ungebildete uneheliche Tochter eines Wiener Beamten und einer Waschfrau als nicht standesgemäß ablehnte.

Diese frühe Liebesenttäuschung hat Lenau innerlich nie ganz verwinden können. Die schmerzliche Trennung von Bertha und der erschütternde Tod der Mutter im Oktober 1829 verstärkten die pessimistisch-melancholische Grundhaltung des jungen Dichters, die für sein weiteres lyrisches Werk charakteristisch wird. So ist ein großer Teil der seit 1826/27 entstehenden Liebeslyrik Lenaus poetischer Ausdruck der Trauer um den Verlust der Geliebten, der Klage über ihre »Treulosigkeit« und das »tote Glück« des für immer vergangenen einstigen Frühlings der ersten Liebe.

Nach verschiedenen nicht abgeschlossenen Studien in Preßburg, Ungarisch-Altenburg, Wien und Heidelberg war in Lenau endgültig der Entschluß gereift, auf die Ausübung eines bürgerlichen Berufes zu verzichten und ein ungebundenes Leben als freier Schriftsteller zu führen. Existenz und Dichtung werden für ihn, wie er in einem Brief aus dem Jahr 1832 bekennt, von nun an zunehmend identisch: »Künstlerische Ausbildung ist mein höchster Lebenszweck, alle Kräfte meines Geistes, das Glück meines Gemütes betracht' ich als Mittel dazu ... Ich will mich selber ans Kreuz schlagen, wenn's nur ein gutes Gedicht gibt.«

Auf der Suche nach einem Verleger für seine erste Gedichtsammlung reist Lenau im Sommer 1831 von Wien ins politisch liberalere Schwaben nach Stuttgart, wo er sofort freundschaftliche Aufnahme im spätromantisch-biedermeierlichen schwäbischen Dichterkreis um Gustav Schwab, Ludwig Uhland, Justinus Kerner und Karl Mayer findet und schon bald zum begehrten Mittelpunkt der literarischen Salons avanciert. Dort lernt er bei einer musikalischen Soiree die neunzehnjährige Charlotte Gmelin kennen, und zwischen dem vielbewunderten »ungarischen« Dichter und der attraktiven Nichte seines engagierten Förderers Gustav Schwab scheint sich zunächst eine romantische Liebesbeziehung anzubahnen. In einem Brief an Sophie Schwab vom November 1831 schreibt Lenau über seine Begegnung mit ihr: »Das waren die zwei Momente, wo ich Lotte am schönsten sah: als bei der Zumsteeg Beethovens Trauermarsch gespielt wurde, und als auf unserer Heimfahrt vom Bergheimer Hof ihr der Mond das schöne Gesicht küßte ... Wär' ich Mond gewesen! ich hätte Lotte und das ganze Land so heiß geküßt, hätte in jener einen Nacht einen solchen Lenz und Sommer hervorgeküßt, daß die Sonne am Morgen erstaunt und beschämt hätte umkehren müssen und Lotte ihren Mantel zum Wagen hinausgeworfen hätte.« –

Doch auch diese Liebe endet unglücklich, noch bevor sie wirklich begonnen hat. Innerlich zerrissen weist Lenau, nachdem er sich von Schwab und dessen Ehefrau zu einer verbindlichen Entscheidung gedrängt sieht, die für ihn unerfüllbare Forderung, ihre junge Nichte zu heiraten, zurück und faßt trotz seiner tiefen Zuneigung zu ihr den schweren Entschluß, auf Lotte zu verzichten: »Sie ist ein sehr liebes Mädchen. Aber ich werde diesem Mädchen entsagen, denn ich fühle so wenig Glück in mir, daß ich andern keins geben kann. Meine Lage ist auch zu beschränkt und ungewiß. Werd' ihr entsagen. Aber ich fühle mich jetzt geschlagener als je.« (Brief an A. Schurz vom 8. November 1831)

Lenaus entsagende Liebe zu Charlotte Gmelin, die zur Abkühlung des freundschaftlichen Verhältnisses zwischen ihm und der Familie Schwab führte, von deren biedermeierlicher bürgerlicher Welt seine unstete, ästhetisch-poetische Lebensweise weit entfernt war, findet in einer ganzen Reihe von düster-melancholischen Liebesgedichten ihren literarischen Niederschlag. Seine größtenteils zwischen Herbst 1831 und Frühjahr 1832 entstandenen Lotte-Gedichte (vgl. *Zu spät*, *Dein Bild*, *Meine Braut*, *Ohne Wunsch*, *Mein Stern* u.a.) spiegeln jene wehmütig-schwermütige Stimmung, das »dunkle Weh« des von einem »trüben Lebensgang« an die »steilen Ränder« und Abgründe der Melancholie geführten Dichters wider, für dessen lyrisches Ich die Geliebte nur noch als erinnertes oder imaginiertes »holdes Bild« Realität besitzt. Die dem elegischen »süßen Deingedenken« Lottes gewidmeten berühmten fünf *Schilflieder*, in denen »Natur und Menschenleben«, einsam leidendes Ich und trostlos mittrauernde Schöpfung, in der von ihm als »wahre Naturpoesie« programmatisch geforderten »höheren geistigen Einheit« erscheinen, stellen einen Höhepunkt im lyrischen Schaffen Lenaus dar, den er später in vergleichbarer Form nicht mehr erreichen wird.

Im Sommer 1832 verwirklicht Lenau seine seit längerem gehegten Auswanderungspläne und tritt die zehnwöchige beschwerliche Reise nach Amerika an, wo er sich »eine bessere Existenz« erhofft. Ernüchtert und enttäuscht vom dort herrschenden pragmatisch-materialistischen Geist kehrt er jedoch bereits nach einem Jahr, »wieder um eine schöne Illusion ärmer und um ein großes resignierter«, nach Deutschland zurück. In der Zwischenzeit war im renommierten Stuttgarter Verlagshaus Cotta die erste Ausgabe seiner *Gedichte* erschienen, die ein großer Erfolg wurde und ihn bei einem breiteren Publikum als Lyriker bekannt machte.

Mit der Rückkehr aus Amerika beginnen die Jahre Lenaus unsteten, rastlosen Reiselebens zwischen Wien und Württemberg. Bis 1844 hält sich der Dichter immer wieder jeweils für mehrere Monate bei seinen schwäbischen Freunden und deren Familien in Stuttgart, Eßlingen oder Serach auf. Zu seinen Verehrerinnen auf Schloß Serach zählt auch Marie Gräfin von Württemberg, die junge Schwester des mit ihm eng befreundeten Grafen Alexander von Württemberg, deren Bekanntschaft ihn unter anderem zu den im Herbst 1833 entstandenen Gedichten *Frühlingsblicke*, *Lebewohl an Eugenie*, *Scheiden* und *Waldgang* inspiriert hat.

Eines der entscheidenden Grunderlebnisse für sein Leben und Dichten aber wird Lenaus Begegnung mit der verheirateten Sophie von Löwenthal in Wien, die sich seit

1834 in zahlreichen Liebesgedichten, Briefen und Tagebuchaufzeichnungen dokumentiert. Die Erfahrung dieser mehr als ein Jahrzehnt währenden unerfüllten Liebe zu der schönen und geistvollen Frau seines Freundes Max von Löwenthal, in deren Haus in Penzing er ab September 1834 ständiger Gast ist, bleibt für den schwermütigen Dichter bis zuletzt ebenso »hoffnungslos« wie »heilig«. In einer Tagebuchnotiz aus dem Jahr 1837 bekennt Lenau: »Unsere Liebe ist einmal gewissermaßen eine unglückliche, und wir wollen unverdrossen und mutig die stille, heimliche Tragödie, in der niemand spielt und zuschaut, als unsere blutenden Herzen, bis an unser Ende fortführen ... Ich habe Augenblicke, in welchen ich vergehn möchte vor Schmerz über unser Los; aber ich habe auch andre, wo mir unser Unglück teuer ist ...« –

Obwohl die tief gläubige Sophie seine Liebe auf seelisch-geistiger Ebene ebenso innig erwiderte, hielt sie dennoch an den Konventionen ihrer gutbürgerlichen Ehe mit Max von Löwenthal fest, und dieser nur schwer zu bewältigende Verzicht, den die Geliebte ihm auferlegt hatte, führte schon bald zu einer Reihe von ernsten Mißverständnissen, Spannungen und Zerwürfnissen zwischen Lenau und ihr. So beginnt Lenau im Sommer 1839 eine Romanze mit der Wiener Sängerin Karoline Unger, von der er sich jedoch nach einem knappen Jahr bereits wieder trennt.

Die schicksalhafte Dimension dieser ebenso widersprüchlichen wie außergewöhnlichen Liebesbeziehung wird auch in jenen zahlreichen Gedichten Lenaus offenbar, in denen er das existentielle Leid seiner »tiefen, hoffnungslosen« bzw. das »bange Los« der menschlichen Liebe überhaupt beklagt. Am Ende des bekannten, im August 1836 entstandenen traurig-düsteren Liebesgedichts *Der schwere Abend*, das die poetische Essenz der tragischen Liebe zu Sophie zusammenfaßt, wünscht das verzweifelte lyrische Ich sich selbst und seiner Geliebten »im Herzen ... den Tod«, der angesichts der Trostlosigkeit ihrer Situation als einziger, erlösender letzter Ausweg erscheint. Liebe und Tod, Todesnähe und erotisches Verlangen stehen bei Lenau, in dessen Lyrik das melancholisch-resignative Bewußtsein der unabänderlichen Vergänglichkeit, des »Todesleidens« von Natur und Geschichte, allgegenwärtig ist, als antagonistische Pole ein und derselben absoluten Schicksalsmacht stets in einem besonderen Wechselverhältnis zueinander: »Ich kann nicht dichten, ich kann mich an nichts freuen, nichts hoffen, ich kann nur an dich denken und an den Tod«, heißt es in einem Tagebucheintrag vom September 1836.

Dennoch bedeutet die unerfüllte Liebe zu Sophie von Löwenthal für Lenau zugleich auch eine essentielle innere Glückserfahrung. Am 5. März 1838 notiert er in einem seiner sehr persönlichen »Zettel« an Sophie: »Ja, es ist ein großes Glück für einen Dichter, eine solche Geliebte zu haben wie du. Du bist mein bester Umgang, meine Liebe, mein Ruhm, meine Kirche, alles in einer schönen Gestalt.« Als leibhaftige Inkarnation der Liebe verkörpert Sophie für ihn »die lebendige Fülle alles Wahren und Schönen« und wird damit gleichsam zu einer Art von erotisch-mystischem Gottesersatz, aus dem er einen unbedingten, metaphysischen Sinn schöpfen kann, den er sonst weder in der Religion noch in Philosophie oder Kunst findet: »Wenn ich dich verlöre, könnte mich Gott trösten? Ich kann nicht an Gott denken, ohne an dich zu denken, und er würde mir die Wunde noch tiefer aufreißen. Ich würde sterben, das ist gewiß.«

Ähnlich wie diese Notiz aus dem Jahr 1836 führt auch das im Mai 1840 entstandene Gedicht *Frage nicht*, eines der wertvollsten und tiefgründigsten Liebesgedichte Lenaus, den eschatologischen Charakter seiner Liebe zu Sophie vor Augen, deren absolute Wahrheit und Bedeutung das lyrische Ich der Geliebten gegenüber nicht auszusprechen wagt, da es befürchtet, dabei »entdecken« zu müssen, daß diese Liebe »im Grunde« größer und tiefer als die zu Gott ist und bei ihrem »Tod« zugleich der allerletzte religiöse Halt unweigerlich verlorengehen würde. In physischer Hinsicht jedoch fordert Lenaus »grenzenlose« Liebe ein fortgesetztes »schmerzliches Verzichten«, bleibt für den Dichter, wie es in seinem letzten, im Februar 1844 entstandenen Gedicht an Sophie von Löwenthal heißt, das von der Geliebten hingehauchte »süße Wort: ›ich liebe dich!‹« das höchste und einzige Glück, das er erwarten kann.

Nachdem er sich dem Einfluß Sophies zunehmend entzogen hatte, lernt Lenau im Sommer 1844 während eines Kuraufenthaltes in Baden-Baden Marie Behrends, die Tochter eines Frankfurter Bürgermeisters, kennen, die schon nach kurzer Zeit seine Verlobte wird. Mit der für Oktober geplanten Hochzeit, »Umgang und Besitz« dieser »tiefsittlichen und bezaubernd reinen Natur«, verbindet Lenau die große Hoffnung, doch noch »innerlichst geheilt« zu werden und ein erfülltes, glückliches Leben führen zu dürfen. In euphorisch-feierlichem Ton schreibt er am 9. August 1844 an die »geliebte Braut«: »Deine Begegnung in Baden war der letzte Versuch, die letzte Anfrage des Schicksals oder vielmehr Gottes an mich, ob ich noch vor meinem Tode zur Versöhnung und zum Heile gelangen wolle? Aus Deinen lieben Augen leuchtete mir die entscheidende Frage in die innerste Seele, und ich sprach ein herzhaftes Ja!«

Doch Lenaus Zuversicht, die hoffnungsvolle und versöhnliche Perspektive dieser unerwarteten neuen Liebe, die zum Teil auch in der insgesamt optimistischeren, lebensbejahenderen Tendenz seines Spätwerks ihre Entsprechung findet, sollte sich als trügerisch erweisen. Schwierigkeiten bei der Einholung der für die Eheschließung erforderlichen behördlichen Bescheinigungen, eine erneute aufwühlende Begegnung mit Sophie von Löwenthal in Wien sowie anhaltende existentielle Sorgen führen im September bzw. Oktober 1844 zum physischen und psychischen Zusammenbruch Lenaus, der seine Hochzeitspläne endgültig zunichte macht. Der kranke Dichter wird daraufhin in der Heilanstalt Winnenthal bei Stuttgart untergebracht, von wo man ihn auf Wunsch seiner Schwester im Jahr 1847 nach Oberdöbling überführt.

Nach sechsjähriger geistiger Umnachtung stirbt Nikolaus Lenau am 22. August 1850 in der Heilanstalt Oberdöbling bei Wien. Die Schlußstrophe des im Frühjahr 1844 entstandenen späten Liebesgedichts *Verlornes Glück* klingt wie die rückblickend-resümierende Selbstdeutung seiner tragischen poetischen Existenz: »Je tiefer mit den Räuberkrallen / Der Tod ins Leben mir gefallen, / Je tiefer schloß ins

Herz ich ein / Den Schatz der Lieb', dem Tode wehrend; / Doch bricht der Räuber, allbegehrend, / Zuletzt nicht auch den letzten Schrein?« –

Lenau gehört zu jenen herausragenden Dichterpersönlichkeiten des neunzehnten Jahrhunderts, deren Werk auf die Autoren, Philosophen und Musiker der Folgezeit eine nachhaltige Wirkung ausübte. Neben Heinrich Heine war er einer der berühmtesten Lyriker seiner Epoche und als »deutscher Byron« bereits zu Lebzeiten fast zur Legende geworden.

Das Verhältnis zwischen den beiden ebenbürtigen »Konkurrenten« Lenau und Heine, deren Werk über die negativ-pessimistische Liebes-Perspektive hinaus auch in philosophisch-weltanschaulicher Hinsicht einige Gemeinsamkeiten aufweist, ist von ausgesprochener gegenseitiger Achtung und Wertschätzung gekennzeichnet. Während Lenau weitblickend in Heine den »vielleicht größten Lyriker« der Zeit sieht, würdigt dieser im Rahmen seiner literaturkritischen Polemik gegen die »schwäbische Schule« umgekehrt Lenaus »liberale Bestrebungen« und das »Renommee«, zu dem er dadurch verdientermaßen gekommen sei. In Gesprächen mit dem Schriftsteller Anastasius Grün über Fragen der poetischen Form soll Heine ihn sogar einmal respektvoll als »deutschen Dante« bezeichnet haben.

Zahlreiche deutschsprachige Dichter von Rang, darunter Gottfried Keller, Theodor Fontane, Conrad Ferdinand Meyer, Detlev von Liliencron, Richard Dehmel, Arno Holz und Hugo von Hofmannsthal, haben Lenau als großes Vorbild und Originalgenie verehrt und sich von seinem lyrischen Werk inspirieren lassen. Aber auch für eine ganze Reihe bekannter Komponisten wurde die Poesie des »Chopins der Lyrik« (Stefan Zweig) zu einer Quelle schöpferischer Inspiration. Davon zeugen mehr als 800 Vertonungen seiner Gedichte, unter anderem von so namhaften Musikern wie Konradin Kreutzer, Felix Mendelssohn Bartholdy, Franz Liszt, Hugo Wolf, Max Reger, Arnold Schönberg oder Othmar Schoeck. Einen besonderen, existentiell-intuitiven Zugang zur melancholischen Liebeslyrik Lenaus fand der seelenverwandte Romantiker Robert Schumann, der »dem unglücklichen, aber so herrlichen Dichter« mit seinen »Lenauliedern« (op. 90) ein eindrucksvolles musikalisches Denkmal setzte.

Neben der Liebes-, Todes- und Melancholie-Motivik umfaßt das thematische Spektrum der Lyrik Lenaus insbesondere noch den Bereich des Zeitkritisch-Politischen, Reflexionen über Kunst und Literatur, lyrische Reisebilder sowie nicht zuletzt seine Natur- und Jahreszeitendichtung. Lenau selbst sah sein wesentliches literarisches Verdienst vor allem im Entwurf einer zeitgemäßen, philosophischen »Naturpoesie«, die den Gegensatz von Mensch und Natur überwinden und aus deren »innigem Konflikt« als symbolisches Resultat ihrer »höheren geistigen Einheit« ein »drittes Organischlebendiges« hervorbringen sollte. Mit diesem neuen, »anthropologischen« Naturbegriff und dem unbedingten ästhetischen Anspruch seiner Dichtung unterscheidet sich Lenau deutlich sowohl von der spätromantischen Naturkonzeption eines Eichendorff, deren poetisches Ziel es ist, die geheimnisvoll-verschlüsselte tiefere Bedeutung der Natur, das »in allen Dingen schlafende Lied«, wiederzuerwecken und im dichterischen Wort vernehmbar zu machen, als auch von der biedermeierlichen Kunstauffassung der »Schwäbischen Romantik« und ihrer volkstümlich-genügsamen Poetisierung des Alltäglichen, Einzelnen und Regionalen.

Lenaus geistesgeschichtlicher Einfluß ist bis hin zur Literatur des deutschen Expressionismus, namentlich für die beiden großen Lyriker dieser Epoche Georg Trakl und Georg Heym, nachweisbar. Vor allem auf sprachlich-stilistischer Ebene, in weltanschaulich-künstlerischer Hinsicht und »Negativmotiven« wie »Vergänglichkeit«, »Verfall«, »Einsamkeit«, »Schwermut«, »Angst«, »Verzweiflung« u.ä. läßt sich mitunter eine auffallende Affinität seiner Dichtung zur späteren expressionistischen Lyrik feststellen. Bedeutende Philosophen des neunzehnten und zwanzigsten Jahrhunderts, unter ihnen Sören Kierkegaard, Friedrich Nietzsche oder Ernst Bloch, verdanken der Auseinandersetzung mit Lenau ebenfalls wichtige Impulse für ihr eigenes Schaffen, und in zentralen Punkten seines Werkes nimmt er bereits wesentliche Inhalte und Positionen der modernen Existenzphilosophie vorweg.

Eine antirestaurative, freiheitlich-liberale Gesinnung, sein sozialkritisches literarisches Engagement für die Benachteiligten und Außenseiter der Gesellschaft, die insbesondere im *Don Juan* entworfene, den konventionellen zeitgenössischen Moralvorstellungen entgegengesetzte dionysisch-lebensphilosophische (Liebes-)Konzeption des Spätwerks sowie nicht zuletzt seine ästhetisch begründete Vernunfts- und Fortschrittsskepsis, die ihn auch vom aufklärerischen Geschichtsoptimismus der jungdeutschen

Autoren trennt, lassen Nikolaus Lenau als einen ebenso eigenständigen wie visionären Dichter erscheinen, der mit seinem philosophisch-poetischen Werk weit über die Grenzen der eigenen Epoche hinausweist und zu den Wegbereitern der literarischen Moderne gezählt werden kann.

Wilfrid Lutz

Editorische Notiz

Die vorliegende Edition enthält eine Zusammenstellung von 70 Liebesgedichten aus dem lyrischen Werk Nikolaus Lenaus, deren Entstehungszeit zwischen 1821/22 und 1844 liegt.

Textgrundlage für diese Auswahl bildet die 1995 abgeschlossene Historisch-kritische Gesamtausgabe der Gedichte Lenaus (Bd. 1 und 2), die Lenaus Lyrik bis 1834, die 1838 (1. Aufl. ff.) erschienenen *Neueren Gedichte* sowie seine Nachlaßgedichte umfaßt. Bei den beiden Gedichten »Durch den Hain mit bangem Stoße« und »Abend ist's, die Wipfel wallen« handelt es sich um Ausschnitte aus dem 1843 entstandenen Zyklus »Waldlieder« (d. i. »Waldlied III.« und »Waldlied VIII.«).

Die Wiedergabe der Texte dieses Bandes erfolgt in behutsam modernisierter Rechtschreibung.

Zeittafel

1802 Geburt Nikolaus Niembschs am 13. August in Csatád/Ungarn (heute Rumänien)
1803 Umzug der Familie nach Buda
1807 Tod des Vaters Franz Niembsch
1811 Zweite Ehe der Mutter Therese mit dem Arzt Dr. Vogel
1812 Eintritt ins Piaristen-Gymnasium Pest
1816 Umzug nach Tokaj. Privatunterricht
1817 Rückkehr nach Buda
1818 Abschluß des Gymnasiums in Pest. Umzug nach Stockerau bei Wien. Beginn eines Philosophie-Studiums in Wien
1820 Adelsdiplom »Edler von Strehlenau«
1821 Liebesbeziehung zu Bertha Hauer. Studium des ungarischen Rechts in Preßburg. Erste Gedichte
1822 Landwirtschafts-Studium in Ungarisch-Altenburg
1823 Rückkehr nach Wien. Wiederaufnahme des Philosophie-Studiums
1824 Studium des deutschen Rechts in Wien (bis 1826)
1826 Aufnahme eines Medizinstudiums in Wien
1827 Trennung von Bertha Hauer
1828 Erste Gedichtveröffentlichung
1829 Tod der Mutter
1830 Kleine Erbschaft nach dem Tod der Großmutter. Erste Publikation unter dem Pseudonym »Nikolaus Lenau«
1831 Reise nach Württemberg; Begegnung und Freund-

schaft mit dem schwäbischen Dichterkreis. Gescheiterte Liebesbeziehung zu Charlotte Gmelin. Fortsetzung des Medizinstudiums in Heidelberg.

1832 Amerika-Reise. Erscheinen der *Gedichte*

1833 Rückkehr aus Amerika. Beginn des unsteten Reiselebens zwischen Wien und Stuttgart

1834 Anfang der Liebesbeziehung zu Sophie von Löwenthal

1836 Erscheinen des *Faust*

1837 Erscheinen des *Savonarola*

1838 Vorladung vor die österreichischen Zensurbehörden. Erscheinen der *Neueren Gedichte*

1839 Liebesverhältnis mit der Sängerin Karoline Unger

1842 Erscheinen der *Albigenser*. Beginn des *Don Juan*

1844 (Wieder gelöste) Verlobung mit Marie Behrends. Gesundheitlicher Zusammenbruch und beginnende geistige Umnachtung. Unterbringung in der Heilanstalt Winnenthal bei Stuttgart

1847 Überführung in die Heilanstalt Oberdöbling

1850 Tod Nikolaus Lenaus am 22. August in Oberdöbling bei Wien

Alphabetisches Verzeichnis der Gedichtüberschriften und -anfänge

Die schönsten Liebesgedichte der deutschen Literatur

Die schönsten Liebesgedichte

Ausgewählt von Günter Berg
it 2827. 128 Seiten

Joseph von Eichendorff · Liebesgedichte

Ausgewählt von Wilfried Lutz
it 2821. 128 Seiten

Heinrich Heine · Liebesgedichte

Ausgewählt von Thomas Brasch
it 2822. 96 Seiten

Rainer Maria Rilke · Liebesgedichte

Ausgewählt von Vera Hauschild
Mit einem Nachwort von Siegfried Unseld
it 2823. 112 Seiten

Bertolt Brecht · Liebesgedichte

Ausgewählt von Werner Hecht
it 2824. 128 Seiten

Johann Wolfgang Goethe · Liebesgedichte

Ausgewählt von Karl Eibl
it 2825. 128 Seiten

Hermann Hesse · Liebesgedichte

Ausgewählt von Volker Michels
it 2826. 128 Seiten

NF 67/1/6.01

»Liebe«

Anthologien im insel taschenbuch

An mein Kind. Gedichte an Töchter und Söhne. it 2227. 146 Seiten

Liebe Mutter. Eine Sammlung von Elisabeth Borchers it 230. 327 Seiten

Casanova-Geschichten. Ausgewählt von Erich Kleßmann. it 2117. 361 Seiten

Die Kunst der Verführung. Herausgegeben von Birgit Haustedt. Mit zahlreichen Abbildungen. it 1837. 279 Seiten

Der Kuß. Von der schönsten Sache der Welt. Herausgegeben von Doris Maurer. it 2168. 190 Seiten

Liebe und Eros. Spurensuche für Liebende. Herausgegeben von Bernhard Kytzler. it 1613. 260 Seiten

Matrosen sind der Liebe Schwingen. Homosexuelle Poesie von der Antike bis zur Gegenwart. Herausgegeben von Joachim Campe. it 1599. 188 Seiten

Ovid. Liebeskunst. Mit Abbildungen nach etruskischen Wandmalereien. it 164. 113 Seiten

Über die Liebe. Gedichte und Interpretationen aus der »Frankfurter Anthologie«. Herausgegeben von Marcel Reich-Ranicki. it 794. 346 Seiten

NF 19/1/4.00

Die schönsten Liebesgedichte. Herausgegeben von Sigrid Damm. it 1872. 167 Seiten

Die schönsten Liebesgeschichten. Ausgewählt von Elisabeth Borchers. it 2213. 375 Seiten

NF 19/2/4.00

Literatur der Moderne
im insel taschenbuch
Eine Auswahl

Max Frisch

- Homo faber. Ein Bericht. Großdruck. it 2344. 298 Seiten
- Skizze eines Unglücks. Erzählungen aus dem Tagebuch 1966-1971. Großdruck. it 2391. 101 Seiten

Hermann Hesse

- Die Antwort bist Du selbst. Briefe an junge Menschen. Herausgegeben von Volker Michels. it 2583. 421 Seiten
- Bäume. Betrachtungen und Gedichte mit Fotografien. Zusammenstellung der Texte von Volker Michels. it 455. 140 Seiten
- Eigensinn macht Spaß. Individuation und Anpassung. Ein Lesebuch. Zusammengestellt von Volker Michels. it 2373. 275 Seiten
- Farbe ist Leben. Eine Auswahl seiner schönsten Aquarelle. Vorgestellt von Volker Michels. it 1810. 173 Seiten
- Franz von Assisi. Mit Fresken von Giotto und einem Essay von Fritz Wagner. it 1069. 128 Seiten
- Freude am Garten. Betrachtungen, Gedichte und Fotografien. Mit farbigen Abbildungen des Dichters. it 1329. 234 Seiten
- Gedichte des Malers. Zehn Gedichte mit farbigen Zeichnungen. it 893. 29 Seiten
- Jedem Anfang wohnt ein Zauber inne. Lebensstufen. Ein Lesebuch. Zusammengestellt von Volker Michels. it 2357. 281 Seiten
- Kurgast. Großdruck. it 2386. 240 Seiten
- Lebenszeiten. Ein Brevier, ediert von Siegfried Unseld. Mit Abbildungen und Dokumenten. Großdruck. it 2343. 290 Seiten

NF 25/1/8.00

- Luftreisen. Herausgegeben von Volker Michels. Mit zahlreichen Abbildungen. it 1604. 81 Seiten
- Magie der Farben. Aquarelle aus dem Tessin. Mit Betrachtungen und Gedichten zusammengestellt und mit einem Nachwort versehen von Volker Michels. it 482. 117 Seiten
- Mit der Reife wird man immer jünger. Betrachtungen und Gedichte über das Alter. Mit Fotografien von Martin Hesse. Herausgegeben von Volker Michels. Großdruck. it 2311. 191 Seiten
- Piktors Verwandlungen. Ein Liebesmärchen, vom Autor handgeschrieben und illustriert, mit ausgewählten Gedichten und einem Nachwort versehen von Volker Michels. it 122. 91 Seiten
- Schmetterlinge. Betrachtungen, Erzählungen, Gedichte. Zusammengestellt und mit einem Nachwort versehen von Volker Michels. it 385. 97 Seiten
- Tessin. Betrachtungen, Gedichte und Aquarelle. Herausgegeben und mit einem Nachwort versehen von Volker Michels. it 1494. 314 Seiten
- Vogel. Ein Märchen. Großdruck. it 2399. 80 Seiten
- Wanderung. Aufzeichnungen. Mit 14 Aquarellen. it 2354. 136 Seiten
- Wolken. Betrachtungen und Gedichte. Herausgegeben und mit einem Nachwort versehen von Volker Michels. Mit Bildern von Thomas Schmid. Großdruck. it 2367. 189 Seiten
- Wunder der Liebe. Liebesgedichte. Herausgegeben und mit einem Nachwort versehen von Volker Michels. it 2263. 125 Seiten
- Der Zwerg. Ein Märchen. Mit Illustrationen von Rolf Köhler. it 636. 72 Seiten

NF 25/2/8.00

Marie Luise Kaschnitz
- Beschreibung eines Dorfes. Fotografien von M. Grünwald. it 665. 66 Seiten
- Eisbären. Ausgewählte Erzählungen. it 4. 176 Seiten
- Elissa. Roman. it 1694. 188 Seiten
- Liebe beginnt. Roman. it 1603. 180 Seiten
- Liebesgeschichten. Ausgewählt von Elisabeth Borchers. it 2536. 155 Seiten
- Menschen und Dinge 1945. Zwölf Essays. Mit einem Nachwort von Karl Krolow. it 1710. 116 Seiten
- Mit Marie Luise Kaschnitz durch Rom. Herausgegeben von Iris Schnebel-Kaschnitz und Michael Marschall von Bieberstein. Mit Fotografien von Mario Clementi. it 2607. 196 Seiten
- Orte und Menschen. Aufzeichnungen. Mit einem Nachwort von Marcel Reich-Ranicki. it 1361. 176 Seiten
- Steht noch dahin. it 1729. 88 Seiten
- Tage, Tage, Jahre. Aufzeichnungen. it 1453. 365 Seiten
- Zwischen Immer und Nie. Gestalten und Themen der Dichtung. it 1527. 318 Seiten

Wolfgang Koeppen
- Die Erben von Salamis oder Die ernsten Griechen. Mit farbigen Fotografien. Großdruck. it 2401. 80 Seiten
- Reisen nach Frankreich. Mit farbigen Fotografien von Angelika Dacqmine. it 2218. 170 Seiten

Rainer Maria Rilke
- Erste Gedichte. Larenopfer. Traumgekrönt. Advent. it 1090. 167 Seiten
- Frühe Gedichte. it 878. 117 Seiten
- Gedichte aus den Jahren 1902 bis 1917. Illustriert von Max Slevogt. it 701. 236 Seiten
- Ausgesetzt auf den Bergen des Herzens. Gedichte aus den Jahren 1906 bis 1926. it 98. 206 Seiten

NF 25/3/8.00

- Gedichte aus den späten Jahren. Herausgegeben von Franz-Heinrich Hackel. it 1178. 139 Seiten
- »Und ist ein Fest geworden«. 33 Gedichte mit Interpretationen. Herausgegeben von Marcel Reich-Ranicki. it 2611. 155 Seiten
- Geschichten vom lieben Gott. Mit Illustrationen von E. R. Weiß. it 43. 109 Seiten
- Die Letzten. Im Gespräch. Der Liebende. it 935. 76 Seiten
- Die Erzählungen. it 1717. 434 Seiten
- Worpswede. Fritz Mackensen. Otto Modersohn. Fritz Overbeck. Hans am Ende. Heinrich Vogeler. Mit zahlreichen Abbildungen und Farbtafeln im Text. it 1011. 236 Seiten
- Auguste Rodin. Mit sechsundneunzig Abbildungen. it 766. 143 Seiten
- Briefe über Cézanne. Herausgegeben von Clara Rilke. Besorgt und mit einem Nachwort versehen von Heinrich Wiegand Petzet. Mit siebzehn farbigen Abbildungen. it 672. 140 Seiten
- Über moderne Malerei. Herausgegeben von Martina Krießbach-Thomasberger. Mit zahlreichen farbigen Abbildungen. it 2546. 182 Seiten
- Das Florenzer Tagebuch. Herausgegeben von Ruth Sieber-Rilke und Carl Sieber. it 1597. 116 Seiten
- Die Liebenden. Die Liebe der Magdalena. Portugiesische Briefe. Die Sonette der Louïze Labé. Großdruck. it 2366. 126 Seiten
- Reise nach Ägypten. Briefe, Gedichte, Notizen. Herausgegeben von Horst Nalewski. it 2699. 120 Seiten

Rainer Maria Rilke/Lou Andreas-Salomé. Briefwechsel. Erweiterte Ausgabe. it 1217. 647 Seiten

NF 25/4/8.00

Mit Rilke durch die Provence. Herausgegeben von Irina Frowen. Mit farbigen Fotografien von Constantin Beyer. it 2148. 126 Seiten

Rilke für Gestreßte. Ausgewählt von Vera Hauschild. it 2191. 100 Seiten

Hertha Koenig. ›Erinnerungen an Rainer Maria Rilke‹ und ›Rilkes Mutter‹. Mit Abbildungen. Herausgegeben von Joachim W. Storck. it 2607. 140 Seiten

NF 25/5/8.00

»Durch das Jahr«

Anthologien
im insel taschenbuch

Das Insel-Buch der Bäume. Herausgegeben von Gottfried Honnefelder. it 1041. 286 Seiten

Frische Feigen. Ein literarischer Früchtekorb. Herausgegeben von Hans Ulrich Hirschfelder. it 2646. 220 Seiten

Frohe Ostern. Geschichten und Gedichte. Herausgegeben von Franz-Heinrich Hackel. it 2372. 214 Seiten

Das Frühlingsbuch. Gedichte und Prosa. Herausgegeben von Hans Bender und Nikolaus Wolter. it 914. 238 Seiten

Das Gartenbuch. Gedichte und Prosa. Ausgewählt von Hans Bender. Mit farbigen Fotografien. it 1803. 273 Seiten

Das Herbstbuch. Gedichte und Prosa. Herausgegeben von Hans Bender. it 657. 262 Seiten

Lektüre im Garten. Ausgewählt von Franz-Heinrich Hackel. it 1967. 290 Seiten

Meine erste Reise. Sechzehn wahre Geschichten. Herausgegeben von Hans Scherer. it 2196. 197 Seiten

Narrenzeit. Geschichten und Bilder von argen Schelmen, seltsamen Käuzen und buntscheckigem Volk. Herausgegeben von Walter Gerlach. it 2274. 271 Seiten

Ostern in Rom. Herausgegeben von Stefan Janson. it 2596. 234 Seiten

NF 17/1/4.00